BURAQUINHOS
ou
O VENTO É INIMIGO DO PICUMÃ

Projeto realizado com o apoio do ProAC.

Jhonny Salaberg

BURAQUINHOS
ou
O VENTO É INIMIGO DO PICUMÃ

COLEÇÃO DRAMATURGIA

Cobogó

SUMÁRIO

Buraquinhos ou como correr em busca de uma utopia,
por Solange Dias   7

**BURAQUINHOS OU O VENTO É INIMIGO
DO PICUMÃ**   11

Escrever teatro negro é escrever justiça,
por Jhonny Salaberg   53

Buraquinhos ou como correr em busca de uma utopia

> Corro porque ele está atrás de mim e está atirando em minha direção. Corro porque eu sou preto. Corro porque as balas perdidas correm mais rápido que eu. Corro porque o dedo no gatilho se mexe mais do que os meus pés. Corro porque acabei de levar um tiro. Corro porque acabei de levar outro tiro. Corro porque é mais um tiro. Corro e mais tiro. Mais tiro. Mais tiro. Mais tiro. Corro porque até aqui eu já levei a minha idade de tiros.
>
> Jhonny Salaberg

Desde o surgimento do teatro, a narrativa sempre esteve presente nas mais variadas manifestações e gêneros dramáticos, mas tem sido nas encenações contemporâneas que dramaturgas e dramaturgos têm incorporado ao drama, narrativas inspiradas em roteiros de cinema, contos e romances, como proposição estética e de discurso que estão além do meramente narrar.

São dramaturgias que se propõem a transpassar cada espectador, provocando diversas camadas de leitura do objeto cênico para a busca de um teatro do possível. Assim, em *Buraquinhos ou o vento é inimigo do picumã*, que Jhonny Salaberg, com sua corrida à procura de uma utopia vital para todos nós, consegue lindamente trazer à superfície, como pérola fina, o que há de poético e sublime desse submerso que temos vivido ultimamente.

Quantos tiros são necessários para abater os voos e sonhos de meninas e meninos pretos e pobres do mundo? Um, cinco, dez, 111 tiros?

Em *Buraquinhos ou o vento é inimigo do picumã*, um menino corre para não ser baleado pela polícia quando levava pão para a mãe que estava em casa. Corre entre ruas apertadas pelas casas sobrepostas da periferia. Corre se equilibrando nos fios de luz com seus "gatos" mal-ajambrados. Corre pelos esgotos e vielas e, durante sua corrida, vai percorrendo as durezas de um mundo grande chamado Brasil, chamado América Latina. E por mais que corra, seu corpo vai sendo invadido por inúmeras balas, e, mesmo assim, ele continua correndo em sua enorme resistência em não se deixar morrer.

O corpo do menino é um corpo que não se deixa sujeitar, é a presença grandiosa de uma resistência que não se dobra a um poder opressor. Ao resistir, o menino cria uma possibilidade de existência a partir de composições de forças inéditas: os vários mundos pelos quais transita. Resistir, aqui, é sinônimo de criação de outros mundos tangíveis.

Foi no Núcleo de Dramaturgia da Escola Livre de Teatro de Santo André, orientado por mim, mas conduzido pelos estudos e reflexões compartilhados entre cada participante, que tive a alegria de presenciar o processo de criação deste belo texto de Jhonny. Logo nas primeiras leituras, eram notáveis a contundência e a importância de cada imagem incorporadas aos elementos narrativos que, organizados por meio da combinação precisa de palavras, foram capazes de trazer à tona um tema terrível, mas tratado com uma leveza poética que nos enleva e ao mesmo tempo nos provoca incômodos que conduzem a reflexões e questionamentos deste mundo que nos cerca.

Uma das bases para se trabalhar com essa forma de lidar com o tema, Jhonny trouxe do conceito de *leveza* proposto pelo escritor Italo Calvino, que foi estudado para o desenvolvimento de criações dramatúrgicas.

Neste conceito, Calvino sugere que a busca da leveza surge como possibilidade de resistência, como reação ao peso do viver. Em *Buraquinhos ou o vento é inimigo do picumã* essa leveza se cria no próprio ato da escrita, no ato de narrar com sensibilidade a percepção de fatos dolorosos. O que poderia ser uma espécie de dramaturgia bruta que transpira uma violência insustentável, com suas tramas cruas e duras, torna-se um elogio à vida, à utopia.

Diante do peso do viver, Jhonny nos revela, através de sua poesia, a leveza do narrar.

Solange Dias[*]

---

[*] Solange Dias é mestre em Artes pela Unicamp, fundadora e integrante do grupo do Teatro da Conspiração de Santo André, diretora, arte-educadora e dramaturga andreense, mas que muito deve ao bairro Parque São Rafael, Zona Leste de São Paulo, para sua formação humana e artística.

BURAQUINHOS
ou
O VENTO É INIMIGO DO PICUMÃ

de **Jhonny Salaberg**

O espetáculo *Buraquinhos ou o vento é inimigo do picumã* estreou no dia 22 de junho de 2018, no Espaço Cênico Ademar Guerra – Centro Cultural São Paulo.

Texto
Jhonny Salaberg

Direção
Naruna Costa

Elenco
Ailton Barros, Clayton Nascimento e Jhonny Salaberg

Músicos em cena
Erica Navarro e Giovani Di Ganzá

Preparação corporal
Tarina Quelho

Direção musical
Giovani Di Ganzá

Cenografia e figurino
Eliseu Weide

Assistente de cenografia e figurino
Carolina Emídio

Criação de luz
Danielle Meirelles

Operação de luz
Thays do Valle

Fotos
João Luiz Silva

Artista gráfico e ilustrações
Murilo Thaveira

Assessoria de imprensa
Nossa Senhora da Pauta – Frederico Paula

Assistente de produção
Lucas Candido

Produção
Nós 2 produtoras associadas – Bia Fonseca e Iza Marie Miceli

Realização
Carcaça de Poéticas Negras, Centro Cultural São Paulo e Nós 2 produtoras associadas

Este texto foi escrito em 2016 e é uma homenagem a todos os pretos e pretas executadxs nas periferias de todo o mundo. É uma denúncia ao genocídio da população negra. É um grito de socorro. É bandeira da paz, que não é branca, hasteada no coração daqueles que carregam o poder.

"Que Deus abençoe os brancos para que os negros possam dormir tranquilos".

Carolina Maria de Jesus (1960)

1. O PRIMEIRO PÃO DO ANO

Em algum extremo da cidade, eu me levanto meio capenga em direção ao banheiro. É 1º de janeiro e ainda é possível ouvir o barulho dos fogos de artifício, sirene de viatura e a música "O que pensa que eu sou", da banda Djavú, que tocou 17 vezes na noite anterior. Eu contei. O que não contei foi a quantidade de copos de refrigerante que bebi. Já que ainda não posso beber cerveja, eu acabo caindo na frenética do Dolly. O cheiro da fumaça da churrasqueira permanece em minha roupa. Eu não me dou muito bem com festas. Todas as vezes que o carvão, a caixa de som e os engradados invadem a minha casa, eu me sento no quintal ao lado de minha avó, que não suporta música alta. Fico observando minha tia dançar forró com uma cerveja na mão. Meu tio pilotar a churrasqueira com linguiça, asa de frango e carne de segunda. Crianças correndo e estourando bombinha no chão. Outras andando e olhando para os pés, vendo a luz vermelha piscar embaixo da sola dos sapatos novos. O vinagrete na vasilha de vidro azul cheio de moscas e o cachorro roendo o osso deitado no fundo do quintal. No banheiro, eu recapitulo todas as imagens em minha cabeça como num filme de trás para a frente. Eu observo o cesto de lixo que está transbordando e imagino que o quintal deva estar muito pior.

Na cozinha, minha mãe está em frente ao fogão passando o café. A pia está cheia de louça. Na mesa, ao lado do vaso de flores artificiais, tem dois reais em moedas. Eu sei que a tarefa de ir à padaria é minha, todo santo dia. As moedas de dez e cinquenta centavos estão encapadas com durex encardido. O sol que entra pela janela da cozinha ilumina o cabelo de minha mãe que, nesse momento, parece estar vermelho. A barra de sua blusa está úmida devido ao contato com a beira da pia. Seus dedos estão enrugados, mas firmes.

MÃE: Vai ficar aí parado, é? Vai logo na padaria, menino!

EU: Mas é preciso mesmo comprar pão hoje, mãe? Requenta qualquer sobra de ontem e pronto. Ainda tem Dolly ou já acabou?

MÃE: Se você não for comprar esse pão agora eu juro que...

EU: Tá bom! Tô indo...

Eu pego as moedas em cima da mesa e saio rumo à padaria. No meio do caminho, eu me lembro que é feriado e sou obrigado a andar cinco quadras para chegar na única padaria aberta. As ruas estão completamente vazias. O sol está forte e elimina todas as possíveis sombras que se pode ter. Uma viatura se aproxima de mim e passa bem rente ao meu corpo. Se passasse um pouco mais perto, seria possível me engolir com as suas rodas cheias de sangue. Lá de dentro, dois policiais me olham como se eu fosse o Osama Bin Laden nas ruas da periferia, pronto para jogar uma bomba dentro do carro. Eu entro na padaria e torço para que a viatura vá embora e não me encontre mais.

Me deparo com uma fila que eu não esperava. Há apenas um funcionário na padaria. Encosto no vidro do balcão gelado coberto com várias bolhas de água. O contato da minha pele quente com o vidro gelado traz uma sensação interessante. Há uma televisão suspensa na parede parece ser dessas modernas, que não têm botão nem controle e, se duvidar, nem tomada. O jornal encaixotado anuncia a morte de cinco jovens negros na virada do ano. Chega minha vez na fila! Eu pego a sacola de pão e saio da padaria. As pessoas da fila parecem não escutar a televisão ou não se importar com a notícia. Afinal, em terra de fogos de artifício quem ouve tiro é rei.

Na volta para casa, me deparo com a viatura vindo em minha direção. Um dos policiais está com os olhos fixos na sacola de pão. Eu diminuo os passos e observo as rodas da viatura capturarem toda a poeira do chão por conta do excesso da graxa. As folhas das árvores dançam vagarosamente com o vento.

POLICIAL: O que você tem aí, menino?

EU: Alguns pães que a minha mãe mandou comprar.

POLICIAL: Mentira! Abre essa sacola aí!

EU: Eu preciso voltar para casa, senhor, minha mãe está me esperando. Juro que é só pão.

POLICIAL: Você tá surdo? Abre essa sacola, agora!

EU: Senhor, eu preciso ir.

POLICIAL: Aé? Vamos ver se você não vai abrir essa sacola agora!

O policial que está no banco do passageiro sai da viatura com a mão direita na arma pendurada em seu cinto. Eu começo a correr no sentido contrário. Ele corre atrás de mim com toda a fúria que se pode ter. Os pães pulam dentro da sacola e eu os agarro em minha barriga. As folhas das árvores dançam agora com as tiras de rabiola que estão presas nos fios de eletricidade. Perto delas estão alguns pares de tênis amarrados pelo cadarço. Em rua de periferia, sempre tem muitos postes e muitos fios. As teias elétricas dão luz aos "gatos" que iluminam uma vila inteira. Eu avisto um poste com alguns buracos e começo a subir até chegar aos fios de eletricidade. Ele me olha lá de baixo com a arma apontada em minha direção. Eu corro nos fios tentando me equilibrar para não cair. Seguro a sacola cheia de pães com força e olho para os postes, existem muitos deles, vou correndo nos fios alcançando todos os postes que vejo. Eu olho para baixo e o vejo correndo com uma das mãos no cinto e a outra segurando a arma. Aqui começa a jornada para salvar esse pequeno corpo negro ambicioso, que corre com uma sacola de pães nas mãos. Por essas ruas, a saga é diária e é preciso ser ligeiro. Os pássaros voam ao meu lado, tentando bicar os pães dentro da sacola. Por aqui, criam-se asas em dias de emergência. Os meninos pretos desta terra nascem com ligamentos nas costas, ao lado das escápulas, são pequenas penas que se desenvolvem à medida que o perigo aumenta. As asas ajudam os meninos pretos a fugir do algoz branco e peitudo. Não se tem manual de instrução, o jogo pode começar em qualquer lugar e a qualquer momento. É preciso estar atento, pois as balas perdidas voam para todos os lados. Eu sigo correndo nos fios, tentando me equilibrar entre a sorte e o azar.

2. SEBO NAS ASAS

Os pães dançam dentro da sacola como pulgas saltitantes no pelo do cachorro da vizinha. Consigo senti-los com as minhas mãos e os agarro para que não caiam no chão. Eu continuo fugindo da bala midiaticamente perdida, da bala que persegue o corpo magro, suado, pequeno e preto. A bala que tem por objetivo me perfurar, rasgando o tecido áspero e quente que se encontra perdido no imenso e assustador vazio. Eu corro para que não haja outro buraco destapado com sete palmos de choro de minha mãe ajoelhada na terra molhada. Eu corro para que as velas de casa sirvam para iluminar a cozinha em dia de falta de luz e não para me iluminar. Eu corro assim, meio sem saber se vou chegar em casa, se vou comer meu pão, se vou à escola este ano. Eu puxo todo o ar que um menino pode ter nos pulmões para aguentar essa cidade feita de bonecos de chumbo, que insistem em nos arquivar nas velhas gavetas enferrujadas. Minha pisada é ligeira e sagaz, feito rato que corre em esgoto aberto.

Meus pés se equilibram nos fios cheios de rabiola ligados aos postes do bairro. Eu corro pulando de fio em fio. A minha sorte é que os fios formam uma grande teia a cada poste que alcanço. As fiações elétricas da periferia são grandes bolos emaranhados que suportam a descarga das casas, mais conhecidos como "gatos". Por aqui, cada poste possui tetas metálicas que amamentam os chuveiros, as geladeiras e as grandes e plasmáticas televisões. Eu vou pulando de fio em fio, fugindo para o lado utópico do meu mundo. A cada pisada, o peso do meu corpo faz o fio balançar feito trampolim para baixo e para cima. Com esse impulso, vou cada vez mais longe. Às vezes, olho para baixo. Quero ter certeza de que não estou num sonho.

Quero me certificar de que os pães ainda estão dentro da sacola.

Em casa, minha mãe varre o quintal juntando a poeira dos cantos das paredes, formando grandes punhados de terra. Ela sabe que a casa é velha e é preciso varrer, no mínimo, duas vezes por dia. Minha mãe é dessas certezas absolutas de um ancião fumando seu cachimbo. Ela sabe de tudo. Sabe que vai chover mesmo quando o céu explode o azul. Sabe que o cachorro da vizinha não vai vingar por muito tempo. Sabe que semana que vem o leite vai aumentar ainda mais. Ela só não sabe que, num instante, meu corpo vai ter tantos buracos quanto o muro que separa minha casa do esgoto.

Eu continuo correndo nos fios de alta-tensão onde só os pombos habitam. Há uma grande quantidade deles, é possível encontrá-los por todo lado. Alguns pelo menos dançam para compensar a falta de vento nas asas, outros se aquietam no meio do fio esperando a sorte de serem levados para as montanhas mais altas que um prédio de cinquenta andares. Eles depenam para alcançar. As montanhas da Bolívia são altas e assustadoras, quase não consigo chegar. Correndo nos fios, observo uma fiação perfeita para poder pular. Pulo e vou tão alto que quase chego perto de Deus. As montanhas de La Paz são belas e parecem os bolinhos de chuva que minha mãe faz quando não temos o que comer. São marrons com as pontas brancas feito açúcar. Eu corro subindo as montanhas de La Paz como quem busca a medalha de ouro na Corrida de São Silvestre. Daqui de cima, é possível ver as casinhas amontoadas brigando por espaço. As casinhas vão diminuindo à medida que alcanço o topo da montanha. Pela primeira vez me sinto tão grande quanto os postes em que pulei. Consigo ver todo o horizonte bem rente à linha do meu nariz. As nuvens parecem estar mais perto e sinto que, se a montanha fosse um pouquinho maior, seria possível pegar as estrelas à noite. Olho para a sacola e percebo que perdi um pão, provavelmente deve ter sido no salto dos fios até aqui. Encontro uma mulher vestida com uma saia rodada azul, até os tornozelos, uma bata vermelha com detalhes verdes, um tecido amarrado nos ombros e um chapéu com as abas viradas para cima. Ela tem cabelos pretos e olhos puxados. É uma *cholita*. Ela me olha surpresa e acena com a cabeça em cumprimento. Observa os pães pulando dentro da sacola e sorri. Eu corro rasgando o céu com as minhas mãos, sentindo o vento passar entre meus dedos. Pego um pedaço de céu e coloco na sacola para poder compensar a falta do pão perdido. Eu sigo sem olhar para trás, mas sei que a *cholita* me observa com o sorriso no rosto, feito a criança que está nos seus ombros e que, só agora, tira a cabeça do tecido para poder me ver. *"Buena suerte, ave pequeña, buena suerte",* ela disse.

3. É PRECISO ESTANCAR O REAL E CAPTURAR A UTOPIA

Eu pulo da montanha com a coragem de uma formiga ao escalar uma árvore carregando um pedaço de folha. Eu pulo com a coragem de quem tem as asas remendadas. Minhas patas estão cansadas e minhas barbatanas sangram. Sou um pardal perdido em vento forte, pronto para mergulhar na primeira lagoa que vir e sair rastejando até onde se possa encontrar terra seca. Eu permaneço no silêncio de quem chora em cima de uma foto, desaguando os órgãos para poder hidratar a dor. Ele aponta a arma em minha direção e deixa jorrar a raiva metalizada do cano quente que perfura o meu corpo. Essa ferida aberta que agora pulsa em minha costela é o gatilho sem sentido de quem gosta de abatedouros. O tiro que perfura meu tecido é a mão que invade a galinha e arranca tudo o que sente com os dedos. Espaço se abre entre meus órgãos e uma forte corrente de ar passa por eles. Meu corpo desce desordenado girando feito manga mole do topo mais alto da montanha. Eu levei cinco tiros e com eles vem a certeza de que outras balas perdidas tentam me encontrar.

5

Caio sobre os fios e reconheço o lugar, estou na rua de baixo da rua de minha casa. Por aqui, as janelas emolduram mães, avós, tias, meninas e bebês lavando a louça pesada da festa de ano-novo. Eu desço dos fios escorregando pelo poste, deixando uma grande listra vermelha. Corro na calçada sentindo os pães e meus rins balançarem no mesmo ritmo. É possível ouvir o barulho da bota pisando no asfalto e as fivelas do colete se chocando enquanto ele corre atrás de mim. Eu continuo correndo com o ar solto na barriga e preso na garganta. Arranco um dos meus rins e guardo na sacola para que não caia no chão. Avisto um bueiro aberto a vinte metros e não penso duas vezes em me esconder. Sou um tatu que avista com sagacidade a oca recém-construída. Eu pulo dentro do bueiro e caio num encanamento escuro e apertado. Começo a descer pelo encanamento, que parece ser infinito. O cheiro é forte e avassalador. Também pudera, com todas as carnes nos becos e vielas, elas têm de escorrer para algum lugar. Por aqui não existe urubu, não se tem meio de sobrevivência, o sol faz o favor de dissecar todos os tecidos estendidos no chão, antes que eles cheguem.

O ritmo da descida diminui à medida que se chega ao fim do encanamento com saída para um quarto escuro e abafado. Observo a grade de ferro que direciona o pouco da luz que ilumina um caixão deteriorado e sujo. Percebo que estou dentro de um túmulo e empurro a grade para poder sair. Os túmulos de Santa Rosa, na cidade de Lima, no Peru, são pequenas caixas de fósforos que lutam por espaço com seres vivos e seres mortos. Há grandes muros com quadrados de azulejos coloridos, cada quadrado contém os restos de alguém, talvez sejam as carnes estendidas no chão da viela onde eu moro. Por aqui as casas são túmulos e os túmulos são casas, não há diferença. Nesse lugar, a vida após a morte faz tanto sentido quanto um vaso de flores amarelas em que eu esbarro sem querer quando tento pular o túmulo de uma senhora. Por essas terras, há casas para descanso e casas à procura de descanso. Pedras que se misturam com pedaços de ferro e azulejo, que se transformam em casas, que cobrem pessoas, que seguram bebês, que mamam em seios de gesso. Os pequenos peruanos sabem que não podem habitar por muito tempo o lombo da mãe. Logo terão de descer e enfrentar outros seres perdidos. As casas são portais mágicos onde se pode sentir o gostinho da morte. Os seres vivos andam, dormem, comem, defecam, choram, gargalham, conversam – e tudo a que têm direito – com os seres mortos. Eles dividem o espaço que, por lei, não pertence a nenhum deles.

Eu corro por entre os corredores estreitos e curtos cheios de olhares curiosos. É difícil diferenciar as janelas e as lápides. Os grandes muros vão se apertando à medida que eu corro entre eles. As fotos dos seres mortos me olham com piedade e simpatia. Juntos, tentam me esconder o máximo possível para que ele não me encontre. As lápides soltam rangidos e mudam de cor enquanto conversam:

LÁPIDE 1: ¿Ahora, que hacemos nosotros? [*tradução: E agora, o que faremos?*]

LÁPIDE 3: ¿Cómo así, que hacemos nosotros? No hay nada que podemos hacer. [*tradução: Como assim, o que faremos? Não há nada que possamos fazer.*]

LÁPIDE 2: Él está en peligro, tenemos que ayudarlo. [*tradução: Ele está em perigo, temos que ajudar.*]

LÁPIDE 3: Mucho hemos hecho nosotros mientras cuerpo en vida, si los vivos nada hacen para ayudar, no seremos nosotros que iremos hacer. [*tradução: Muito fizemos enquanto corpo em vida, se os vivos não fazem nada, não somos nós que iremos fazer.*]

LÁPIDE 4: Los seres vivos están muertos, mi señora, somos más vivos que ellos. [*tradução: Os seres vivos estão mortos, minha senhora, somos mais vivos que eles.*]

LÁPIDE 3: ¡Mira quien viene a hablar! Pepe Borracho, que se emborrachaba en el bar de la esquina. [*tradução: Olha quem fala! Zé Pinguço, que enchia a cara no bar da esquina.*]

LÁPIDE 5: Personas, nosotros tenemos que ayudar. [*tradução: Pessoal, temos que ajudar.*]

LÁPIDE 3: Si quieren ayudar, ayuden. Yo no voy a mover incluso un grano de ceniza para acoger a la gente intrusa. [*tradução: Se querem ajudar, ajudem. Eu não vou mover um único grão de cinza para acolher gente intrusa.*]

LÁPIDE 1: Esta murió ahogada en la angustia, estaba atascada en deudas, debía el alma. ¡Pobrecita! [*tradução: Essa morreu afogada na angústia, estava atolada em dívidas, devia a alma. Pobrezinha!*]

LÁPIDE 3: ¿Que dijiste tú? [*tradução: O que você disse?*]

LÁPIDE 2: Mientras viva era yo, vi morir a mi hijo en mis brazos. Ni por eso dejé que se convertiera en piedra mi corazón. [*tradução: Quando era viva, vi meu filho morrer em meus braços. Nem por isso deixei meu coração virar pedra.*]

LÁPIDE 4: ¿Será que alguien tiene alguna botella salva en el lado, o nadie ha recordado de pedir a su familia? [*tradução: Será que alguém tem uma garrafa guardada aí do lado ou ninguém lembrou de pedir à família?*]

LÁPIDE 1: ¡Arre, Pepe Borracho! Escuché que el dueño del bar viene para recoger sus cenizas e dar de comida a su perro. Él está furibundo por que el señor viajó debiendo más de media vida. [*tradução: Ô Zé Pinguço, ouvi dizer que o dono do bar está vindo para pegar as suas cinzas e dar pro cachorro comer. Ele está furioso porque o senhor viajou devendo mais de meia vida.*]

LÁPIDE 5: ¿Podemos volver al asunto? Él tiene miedo. [*tradução: Podemos voltar ao assunto? Ele está com medo.*]

LÁPIDE 2: Yo también tendría miedo si estuviera corriendo con un riñón que se balancea. [*tradução: Eu também teria medo se estivesse correndo com um rim que balança.*]

LÁPIDE 3: Eso es su problema. Nada tenemos con eso. ¿Lo que piensan que somos nosotros, sus abogados? Yo soy una señora de setenta y tres años de edad. Setenta años con vida y tres años sin vida. Me he enfriado hace poco. ¿Quieren ya que yo vuelva a trabajar? [*tradução: Isso é problema dele. Não temos nada com isso. O que pensam que somos, seus advogados? Eu sou uma senhora de setenta e três anos de idade. Setenta anos com vida e três anos sem vida. Esfriei faz pouco tempo. Querem que eu já volte a trabalhar?*]

LÁPIDE 5: ¡Él necesita alguna ayuda! [*tradução: Ele precisa de ajuda!*]

LÁPIDE 1: ¡Ándale, ándale! Abran espacio para que pueda entrar. [*tradução: Vamos, vamos! Abram espaço para ele entrar.*]

LÁPIDE 4: Yo ayudo si alguien me trae una bebida después. [*tradução: Eu ajudo se alguém me trouxer uma bebida depois.*]

LÁPIDE 3: Si no para de me fastidiar a mí, juro que encontraré una manera de bailar con el viento, llegar a su lápida sepulcral y atascar su corriente de aire. [*tradução: Se você não parar de me encher o saco, juro que encontrarei uma maneira de dançar com o vento, chegar à sua lápide e tapar a entrada de ar.*]

LÁPIDE 5: ¡Gente, por favor, escúchame, necesitamos abrir espacio para que él pueda entrar. Abajo a mi lápida sepulcral hay un camino que puede llevar a él para dentro de mi vieja casa. [*tradução: Gente, por* favor, me escutem, precisamos abrir espaço para que ele possa entrar. Embaixo da minha lápide há um caminho que pode levá-lo para dentro da minha velha casa.]

LÁPIDE 1: ¡Sí, sí! Debemos abrir espacio. ¡Me siento tan útil! [tradução: Sim, sim! Devemos abrir espaço. Sinto-me tão útil.]

LÁPIDE 3: ¿Ustedes se están volviendo locos? Después, no digan que no se los dice yo. [tradução: Vocês estão ficando loucos? Depois não digam que eu não avisei.]

LÁPIDE 4: ¿Por qué no para de quejase y nos ayuda a nosotros? [tradução: Por que não para de reclamar e nos ajuda?]

LÁPIDE 3: ¿E por qué pide a nosotros que juguemos en sus cenizas un barril de cachaza? [tradução: E por que pede que joguemos cachaça nas suas cinzas?]

LÁPIDE 2: ¡Expedición, gente, por favor, expedición! [tradução: Encaminhamento, gente, por favor, encaminhamento!]

LÁPIDE 5: ¡Vámonos, Pepe, va un poquito más a la derecha. Tú, señorita, que perdiste a tu hijo, abra espacio a la izquierda y los otros váyanse para arriba. [tradução: Vamos, Zé, vá um pouco mais para a direita. A senhorita, que perdeu o filho, abra espaço à esquerda e os outros vão para cima.]

LÁPIDE 1: ¡Vámonos, vámonos! [tradução: Vamos, vamos!]

LÁPIDE 3: ¡Ay, no me empuje! [tradução: Ai, não me empurre!]

LÁPIDE 5: Un poquito más. Vamos a conseguir. [tradução: Um pouquinho mais, vamos conseguir.]

LÁPIDE 3: Voy a ser obligada a ceder, si no yo me convertiré a mi misma en escombros. ¡Infierno! ¡Infierno! [*tradução: Vou ser obrigada a ceder, senão viro entulho. Inferno! Inferno!*]

LÁPIDE 2: ¡Santa Madre de Dios, este lugar es apretado! Si no pasa luego este chico, podemos nos convertir en una misma lapida sepulcral. [*tradução: Nossa Senhora, que lugar apertado! Se esse garoto não passar logo, é capaz de a gente virar uma só lápide.*]

LÁPIDE 1: ¡Pasa, chico, pasa! [*tradução: Passa, garoto, passa!*]

LÁPIDE 5: ¡Dígale a él que siento nostalgia! [*tradução: Diga a ele que sinto saudade!*]

LÁPIDE 4: No si olvide del pan... [*tradução: Não se esqueça do pão.*]

As lápides abrem caminho e entro no espaço escuro e pequeno onde só consigo ver uma mesa com uma vela em cima. Aos poucos, a vela vai iluminando um armário vazio, uma cama desarrumada e um filtro de barro. Na cama há um senhor cabisbaixo sussurrando algo. Ele segura um retrato com as duas mãos, olha para mim e se levanta. Cabelos brancos, roupas surradas. Em seu olhar, o brilho mais aguado que eu já vi na vida. Ele sorri para mim e balança a cabeça em aprovação, apertando a foto contra o peito. Depois me mostra o retrato velho e sujo de uma moça linda sorrindo atrás de um ramo de flores. Eu olho a foto por um tempo e percebo que a moça é uma das senhoras das lápides, que ofereceu sua antiga casa como refúgio. O velho beija o retrato, coloca em cima da mesa, pega uma xícara com um pouco de café requentado e pousa em minha frente. Eu bebo o café e sinto o cheiro do pó marrom que minha mãe está fazendo em casa. Eu abro minha sacola e percebo que perdi mais um pão. Fecho os olhos para sentir o silêncio que se instaura no quarto, o silêncio que reina por toda a cidade. Por aqui, moradia é sinônimo de bem-estar. Nada importa viver ao lado daqueles que já viajaram, a troca de experiência é o alimento para que o bombeamento de uma cidade-corpo se estabeleça. O velho segue sussurrando e olhando para a foto enquanto eu bebo o café. O caldo preto e sem açúcar desce pela minha garganta, passando entre os vãos abertos em meu corpo, até sair por um buraco abaixo do meu umbigo. Tomo outro gole de café e o líquido continua saindo pelo buraco. Pego um pedaço do punhado de céu que está dentro da sacola e tapo o buraco, impedindo que o café escorra e manche todo o chão. O pedaço de céu me faz sonhar de olhos abertos feito um pássaro que toma liberdade. Vejo uma porta bem pequena entreaberta ao lado da cama. O senhor me olha com um sorriso tímido no canto da boca e abre a pequena porta que emana um raio muito forte de luz. Eu vou até a porta, me abaixo e tento colocar a cabeça para fora. As nuvens me puxam e me tomam por completo. Marco minhas digitais sujas e pretas nas leves e brancas nuvens. O velho me observa. Agachado dentro do quarto, ele acena e fecha a porta. Nesse momento, eu sou a pena preta da galinha que foi usurpada aos poucos. Eu sou aquilo que não se vê e o que se perde. Eu sou a bola de futebol que vai parar em cima do telhado. Quem sabe amanhã eu possa acordar e voar tranquilo sem saber para onde ir. O vento passa pelos meus buracos e o sangue vai secando aos poucos, feito a barra da blusa da minha mãe. Sei que o café em casa está pronto e, na sacola, eu tenho três pães, um pouco de terra, um punhado de céu e um rim.

4. PONTO POR PONTO

Eu corro. Corro mais. Corro mais ainda. Corro mais rápido. Corro passando por cima das minhas pernas. Corro tentando encontrar um refúgio. Corro porque é a única opção que eu tenho nesse primeiro dia do ano que eu não sei se é o último. Corro porque o café está me esperando. Corro porque em casa tem álcool e algodão e sei que minha mãe vai sarar esses buracos. Corro porque as minhas asas já não funcionam mais. Corro porque a boca do mundo tenta me engolir à medida que eu digo: NÃO! Corro porque tenho que costurar meu rim ainda hoje. Corro porque ele está atrás de mim e está atirando na minha direção. Corro porque eu sou preto. Corro porque as balas perdidas correm mais rápido que eu. Corro porque o dedo no gatilho se mexe mais do que os meus pés. Corro porque acabei de levar um tiro. Corro porque acabei de levar outro tiro. Corro porque é mais um tiro. Corro e mais tiro. Mais tiro. Mais tiro. Mais tiro! Corro porque, até aqui, eu já levei a minha idade de tiros.

12

Em casa o Roberto Carlos se calou e o silêncio tomou conta. Nesse momento, minha mãe está sentada na mesa pintando as unhas com esmalte vermelho, acetona e algodão. Ela diz que as unhas são como os cabelos, é preciso cuidar sempre. Ela pousa o vidro de esmalte na mesa e vai até o portão para ver se eu estou chegando. Ela olha a rua completamente vazia, levanta a sobrancelha esquerda, leva as mãos ao peito e suspira lentamente com um olhar preocupado. Entra em casa e percebe que o café já está morno, a garrafa térmica não é das melhores. Ela volta para a mesa, pega o esmalte, tira o pincel, remove o excesso de tinta na borda do vidro e passa nas unhas. A tinta escorre nos meus braços tapando os buracos mais fundos, eles são os mais prejudicados. Dos doze tiros, seis entraram feito flecha. Ela passa o esmalte nas unhas pincelando os meus buracos devagar para que a tinta não escorra. A camada é fina e vai se desmanchar em pouco tempo. Minha mãe sabe que dessa vez as unhas não irão ficar tão bonitas quanto das outras vezes. A essa altura é possível sentir o cheiro do esmalte, da acetona, do pó das botas dele e do sangue. Os buracos dos meus braços agora estão levemente encapados com a esperança vermelha de minha mãe. O vidro de esmalte já está quase no fim e o meu corpo também.

Eu corro ao lado de um córrego sujo, ao fundo tem um muro pichado tapando o horizonte e o pôr do sol. Não se tem saída para o outro lado. Os poucos raios de sol atrás do muro iluminam as pegadas pretas nas nuvens em que eu corri. Ele continua correndo atrás de mim e sinto que o tempo está se esgotando. Eu jogo minha sacola do outro lado do muro e mergulho no córrego feito um peixe de patas ligeiras fugindo das redes cheias de queijo. Nada dá para ver dentro do córrego, tudo está embaçado e as minhas barbatanas têm dificuldade para desviar das garrafas pet, sacolas, sofás, geladeiras e corpos em decomposição. Eu nado sentindo as quinas das coisas baterem em meus pés e o barulho dos tiros na água suja.

Nado até a superfície do córrego e encontro outro corpo parado me olhando de cima para baixo. É uma menina. O tom de pele é igual ao meu. Ela usa um vestido rosa muito sujo, está descalça e com os cabelos amarrados em duas partes. Parece que tem a mesma idade que eu, bebe o mesmo café, tem a mesma mãe, segura a mesma sacola e parece estar tão cansada quanto eu. Ela me ajuda a sair do córrego e me olha por um tempo, um olhar curioso de quem nunca viu um menino molhado cheio de buracos pelo corpo. Ela me entrega a sacola, olha nos meus olhos e sorri. Ao redor tem uma grande quantidade de casas construídas com barro, madeira e folhas de bananeira. Corredores rasgam a pequena cidade de Cité Soleil que se expande nas águas sujas e o afeto descartável daqueles que saem e não voltam. As crianças da cidade correm descalças pelo barro batido feito de sangue e miséria. Parece até o meu bairro em época de chuva. Mas aqui não precisa de água para poder resistir, aliás, é a falta dela que faz com que as mulheres e crianças saiam todos os dias com galões na cabeça à procura de gotas para beber, fazer comida, lavar as roupas e hidratar os peixes ligeiros que vivem nos córregos da cidade. Por aqui, o lixo é comum feito os fios emaranhados nos postes do meu bairro.

Ela segue sorrindo para mim e eu fico sem jeito e sem ter o que falar. Uma mulher com um vestido marrom e um lenço na cabeça aparece na porta de uma das casas, olha para mim com curiosidade e diz:

MULHER: Pitit, fi vini andedan! [*tradução: Filha, vem para dentro!*]

MENINA: Gade ki moun mwen te jwenn, manman. Li sanble ke li te pèdi. [*Olha quem eu encontrei, mãe. Ele parece estar perdido.*]

MULHER: Kouman pou sa? Ki moun ki ti gason sa a? [*Como assim? Quem é esse menino?*]

MENINA: Mwen pa konnen, li te kite rivyè a. Mwen pa konnen ki kote li te soti nan oswa kote li paral. [*tradução: Eu não sei, saiu de dentro do rio. Não sei de onde veio nem para onde vai.*]

MULHER: Vini non pitit, fi. Ou bezwen ale jwenn dlo pou mwen. [*tradução: Venha cá, filha. Você precisa buscar um pouco de água para mim.*]

A menina pega em minha mão e me leva para dentro de sua casa. A mulher me olha com curiosidade e simpatia, me oferece um banco de madeira para sentar, pega um galão azul e entrega à menina, que sai e fecha a porta. A casa só tem um cômodo, que abriga toda a família, duas redes, uma cama, um armário com restos de comida, um colchão amarrado e uma trouxa de roupas. Na parede tem um quadro escrito "Mwen renmen ou, Ayiti" [*tradução: Eu te amo, Haiti*]. A mulher observa os meus furos e suspira com pesar.

MULHER: Ki moun ki te fè sa aou ti, gason? [*tradução: Quem fez isso com você, menino?*]

EU: Desculpa, mas eu não entendo a sua língua.

MULHER: E por que não disse antes? Desculpe, me chamo Yaritza.

EU: Eu me chamo... Mas como consegue entender o que falo?

MULHER: Meu marido mora no Brasil, ele me manda algumas cartas em crioulo e em português. Não sei ainda muito bem todas as palavras, mas aos poucos eu vou aprendendo.

EU: Onde ele mora?

MULHER: Acho que se chama... Guaianases.

EU: É o bairro onde eu moro. Saí de lá esta manhã e não sei se volto.

MULHER: Por quê, está perdido? Por aqui não tem esse luxo de ir e voltar, ou a gente fica e aguenta o tranco ou vai e não volta. Eu logo mais estarei indo para o Brasil, meu marido diz que as coisas por lá também estão ruins, mas pior que aqui, no Haiti, não deve ser.

EU: Estou fugindo de um policial que quer me matar. Já me acertou na barriga, nos braços e nas costas. Os meus buracos estão muito grandes e corro o risco de perder mais órgãos...

Eu sinto alguma coisa escorrer em meu corpo, é um dos meus pulmões. Ele sai pelo buraco da minha costela, escorrega pela minha barriga e pousa em minha coxa, eu o pego e coloco dentro da sacola. A mulher me olha assustada e deixa uma lágrima escorrer em sua pele preta marcada pelo sol. A menina abre a porta da casa, pousa o galão de água e me olha também assustada. A mulher se direciona até uma gaveta, pega uma linha e uma agulha e se senta na cama. Ela prepara a costura. O fio passando no buraco da agulha me faz arrepiar. Ela me deita na cama e começa a costurar alguns dos meus buracos. A agulha passa em minha pele fazendo outros buraquinhos para que mais órgãos não escorram. Nesse momento começa a chover em Cité Soleil e em pouco tempo a água invade o pequeno cômodo. A mulher e a menina sobem na cama para escapar da água infecta. A mulher se equilibra com a agulha na mão costurando minha pele, tentando prender os buracos abertos. A água começa a subir, o cheiro entra correndo pelo nariz. Ela dá o último ponto e me coloca na rede. Minha visão vai ficando embaçada e adormeço em meio à água batendo na parte de baixo da rede. Com uma vassoura na mão e a coragem no peito, a menina joga a água para fora da casa à medida que a chuva vai baixando. Os pés dos móveis estão molhados e sujos de lama. A casa se torna a proteção mal-acabada de uma terra-lama sem nome e endereço.

MENINA: Manman, ki kote braslè ou a? [*tradução: Mãe, cadê o seu relógio de pulso?*]

MULHER: O Bondye mwen! [*tradução: Ai, meu Deus!*]

O relógio apita dentro da minha barriga. É hora de acordar e continuar correndo.

5. O VENTO SABE ESPANTAR O QUE NÃO LHE AGRADA

O tempo que corre junto comigo me abraça pelas costas e, pelo meu cangote, acompanha a visão de quem não o vê por perto, não sente seu cheiro, não dança, não sorri, não chora, não economiza, não se estende, não se desespera, não organiza, não perde, não ganha, não come, não vomita o espaço que ele tem. Nesse momento, ele é a ampulheta e a espingarda do caçador. Ele gruda em minha pele feito carrapato e faz questão de me avisar que está se esgotando junto comigo, vibrando e apitando ao lado do meu fígado, que dorme sem saber o que está acontecendo. Eu corro à medida que o apito do relógio vai ficando cada vez mais forte. Com a mão firme na sacola que carrega pães, terra, rim, céu e pulmão, eu vou escorregando da rede esperançosa da costureira e caio nas nuvens, onde os sonhos ficam presos até que alguém os capture. Há muitos sonhos perdidos e outros entediados à procura de melhores ideias. Eu avisto meu sonho preso num punhado de nuvem, chego perto e tento pegá-lo. O sonho desaparece e reaparece atrás de mim feito mágica. Eu tento tocá-lo novamente e mais uma vez ele não me abraça, foge de mim como zebras fogem do leopardo, desaparece e aparece alguns metros à frente. Eu tento pegá-lo mais algumas vezes sem sucesso. Desisto e fico admirando de longe sua estada no campo de concentração branco e aparentemente macio.

Andando nas nuvens, percebo que a cidade daqui de cima é brinquedo para aqueles que têm permissão para brincar. Quase consigo tocar os prédios, as torres, as poucas árvores, os soldados vestidos de cinza carregando blocos de cimento para lá e para cá, os carrinhos, as motocas, os rios pretos e os bonequinhos perdidos. As nuvens não são as mesmas dos sonhos guardados em minha cama, estes que, a essa altura, já devem estar murchos e sem vida. As nuvens não são tão macias, os sonhos vazios as deixam mais firmes e carregadas. Elas margeiam a cidade com linhas verticais. Os bonequinhos perdidos lá embaixo deixam os sonhos abandonados no bolso do casaco, dentro do sapato, entre os travesseiros, no meio da carteira de trabalho, no banco preferencial, pendurado na janela do ônibus, no ovo mexido da marmita e nos olhos cansados dentro de carros que andam sobre os trilhos. Como balões desordenados, eles sobem para as nuvens e esperam o dia da chuva de meteoros "acanetados" que assinarão contratos de morte aos bonecos perdidos.

Daqui de cima é possível sentir o cheiro da poeira que o trem levanta quando passa pelos trilhos rasgando a cidade de Nairóbi em duas partes. Os trens que passam pelos trilhos carregam as cores dos pichos que vão se desbotando com o tempo, as cores dão lugar a outras. Eu ando nas nuvens tentando encontrar uma brecha de algum sonho perdido para poder descer. Encontro um balão amarelo preso num pedaço de nuvem, arranco com força e desço pelo buraco que se abre. Vou descendo devagar segurando o balão com a mão direita e a sacola com a mão esquerda. Observo os pássaros magros e depenados que voam ao meu lado. Eles me rodeiam com as asas abertas e o bico ereto. Rasgam as nuvens num piscar de olhos e descem de vez em quando para descansar e procurar as penas perdidas. O balão que me sustenta vai descendo devagar na direção de um trem que percorre os trilhos. Eu pouso meus dois pés cansados na lataria do trem, seguro uma barra de ferro e me sento em cima do tampo de um dos vagões. É possível ver os telhados das casas encapados com lona desgastada e folhas de bananeira. Eu solto o balão que voa pelo céu e que só agora me apresenta sua legenda: "Kenya ni katika moyo wangu" [*tradução: Quênia está no meu coração*]. O trem segue colorindo as casas cinza e encapadas que margeiam os trilhos enferrujados e cheios de terra. As cores vão se espalhando pela cidade à medida que o trem corre tentando alcançar o horizonte. Elas se desgrudam do trem e se espalham nas casas como uma grande manta de retalhos. As ferragens descascadas do trem vão aparecendo e o horizonte vai ficando cada vez mais longe. Eu me seguro na barra de ferro sentindo o vento passar pelos meus buracos, que só agora percebo: estão novamente destapados. A camada de esmalte vermelho se desfaz, voa e colore o poste de luz de uma estação ferroviária antiga e abandonada. Por aqui, tudo parece estar esquecido. Não fossem as cores do trem, a cidade se afundaria na terra.

Eu tento me equilibrar em cima de um dos vagões firmando os pés numa chapa de ferro antiderrapante. O vento que bate na sacola é muito forte e quase que a perco. Eu abro os braços com cuidado ainda tentando me equilibrar. O vento passa na velocidade da luz pelos meus buracos, entrando sem cor nenhuma e saindo pelas minhas costas com o absoluto vermelho do meu sangue, que vai-se embora junto com o meu sonho, que ficou lá atrás. Nesse momento eu sou uma máquina retinta humana pronta para pintar de vermelho todos os horizontes que já passaram. Os poucos pássaros magros que voam por perto dançam em meio ao vento misturado com sangue. Eles se tingem de vermelho e ganham o céu. Tentam capturar os sonhos que sobem para as nuvens. Continuo com os braços abertos, o vento passa cada vez mais forte. Ouço o barulho de pegadas pisando com força nas ferragens do trem e não tenho dúvida de quem seja. Ele atira em minha direção. O primeiro tiro acerta a lataria do trem, o segundo tiro acerta a sacola, de onde despenca mais um pão, o terceiro tiro me acerta no ombro, o quarto, na minha mão esquerda e o quinto passa por cima de mim, rente à minha cabeça. Corro em cima do trem com toda a força que me resta, pulando os vãos entre um vagão e outro. Ele continua atirando e pisando firme na lataria do trem. O relógio apita mais uma vez e minha barriga vibra acordando os outros órgãos. Ele me acerta no tornozelo, o sangue começa a jorrar, tropeço em um vão aberto em cima do trem e caio em um dos vagões. Meu corpo bate no chão do vagão feito saco de cimento em rua de barro. Permaneço no chão até conseguir levantar e olhar todo o vagão vazio e pichado. Os bancos são verdes e as janelas estão quebradas, restam poucos vidros inteiros. Olho para trás e visualizo toda a extensão desse trem que parece ser cada vez menor. O relógio apita novamente e mais uma vez minha barriga vibra. Olho para a sacola e percebo que, a essa altura, já não me resta mais nenhum pão. O relógio continua apitando e sei que o tempo está se esgotando. O pão que minha mãe espera é a dúvida do retorno de alguém que só foi à padaria. Eu olho para o meu corpo e conto os meus buracos.

15

Eu ando mancando pelo vagão observando a paisagem pelas janelas. As casas bem perto da linha do trem são as primeiras a receber a revoada de tinta que sai dos vagões. O rangido das ferragens se mistura com o assovio do vento forte e o estalo dos galhos das árvores que encostam no trem. Continuo atravessando os vagões vazios e estreitos. Paro e observo a imagem mais assustadora que vi desde que saí de casa: num dos vagões há vários meninos pretos. Muitos estão em pé, outros sentados e deitados. Eles seguram bolsas, sacolas, mantas, redes, mochilas e cestas. Eles me olham assustados e ofegantes, todos eles têm buracos pelo corpo. Eu paro e os observo bem detalhadamente, alguns têm buracos um pouco maiores do que os meus, outros estão com buracos concentrados em uma parte do corpo. Alguns adormecem nos bancos sentindo o vento bater no rosto, outros permanecem de pé olhando para as janelas. O vento que rasga o horizonte espanta o picumã nos cantos das janelas, nos vãos dos bancos, nos galhos das árvores e nas barras de ferro. O vento é inimigo do picumã quando o alvo cria pernas e foge. O vento é inimigo do picumã quando os carros com rodas cheias de sangue capturam sonhos nas ruas. O vento é inimigo do picumã quando ratoeiras são colocadas nas portas das escolas, nos portões das casas, nas vielas escuras, no supermercado, nos bancos, no trem e nas padarias.

Nesse momento, meu inimigo é o vento que entra rasgando vagão adentro, atirando para tudo quanto é lado, sem se preocupar com a quantidade de buracos que vão se abrir. Vento este que avança com um só objetivo: exercitar o dedo indicador direito apertando o gatilho em direção a sonhos que nem sequer se desenvolveram, sonhos recém-nascidos que, depois de baleados, sobem para as nuvens à procura de novos corpos. O vento que agora atira em minha direção é o chicote remendado que dança nas minhas costas.

6. O ENCONTRO DAS ORIGENS

Dentro do vagão, os meninos correm em direção contrária, enquanto os tiros fazem a festa perfurando os tecidos, vidros e sonhos. Eu me abaixo e tento me esconder em um dos bancos descascados. Os meninos pretos continuam correndo, tentando se desviar das balas e pular do trem em movimento pelas janelas. Ele segue atirando como quem joga pedra no rio, mas aqui a realidade sólida abre espaço para que a bala não mergulhe e fique escondida, ela desacelera na lataria, nas barras de ferro e nos corpos dos meninos pretos provocando mais um dos tantos buracos. Os meninos vão caindo no chão feito pássaro baleado em fazenda, um por um. Embaixo do banco, permaneço de bruços sentindo o relógio apitar e pular dentro da minha barriga. O tempo está se esgotando e tudo diz que dessa vez não vai ter prorrogação. Ele continua atirando e a revoada de asas sangrentas dos meninos pretos diminui.

O **primeiro tiro** acertou a esperança de um haitiano.

O **segundo tiro** perfurou a força de um cubano.

O **terceiro tiro** entrou na costela de um etíope.

O **quarto tiro** decepou a orelha de um liberiano.

O **quinto tiro** encontrou o ombro de um moçambicano.

O **sexto tiro** acertou a coragem de um jamaicano.

O **sétimo tiro** perfurou o rim de um nigeriano.

O **oitavo tiro** rasgou a saudade de um ganês.

O **nono tiro** destruiu a chance de um angolano.

O **décimo tiro** me acerta no peito e abre mais um entre tantos buracos em meu corpo.

16

O trem diminui a velocidade e as portas vão se abrindo. Os meninos permanecem no vagão tentando recolher o pouco de força que lhes resta. Eu me levanto com todo o esforço, saio do vagão e continuo correndo. Eu preciso chegar em casa, eu preciso acordar amanhã cedo, eu preciso correr mais rápido que o relógio. Passarinho que sonha e leva tiro sabe o coração que tem. Eu saio do vagão e piso no asfalto da minha rua ainda vazia, todas as janelas estão fechadas e o sol rasga o céu numa temperatura que dói nos órgãos. Eu corro na direção da minha casa sem olhar para trás, mas sei que ele ainda me persegue.

Minha mãe está em pé em frente à pia escolhendo feijão. Ela coloca um punhado de grãos de um lado e vai passando pouco a pouco para o outro lado. Tira os grãos amassados e queimados. Pequenas pedras se misturam no meio deles, é preciso tirar. Em cima do fogão há uma panela de pressão, um bule e um fósforo. A água que ferve na panela de pressão borbulha jatos de vento jorrando fumaça pela cozinha inteira. A máquina de lavar trabalha sem descanso no quintal. Soa o tec-trec em potência não tão máxima assim para lavar o pouco de dignidade que nos resta. Minha mãe suspira escolhendo o feijão. Olha para a janela de dez em dez segundos. Ela olha o céu, coloca a mão no peito e respira fundo. Termina de escolher o feijão, coloca na panela, fecha e deixa a incerteza cozinhar em fogo alto. As nuvens do céu vão desaparecendo e junto com elas os sonhos perdidos. Por aqui não se tem certeza de nada. Cada dia é um dia e cada tiro é um tiro. O feijão borbulha, borbulha, borbulha... a panela apita e o relógio dentro de mim também. O som dos apitos ecoa por todo o bairro, que abre as janelas para ver o que se passa. A panela apita. O relógio apita. O feijão borbulha. O meu corpo vibra. O fogo alto do fogão dança embaixo da panela e o sol, em minha cabeça. O pino que grita voa da tampa e o relógio para de apitar. Os ponteiros se mexem bem devagar em sentido horário. É preciso ter cuidado para que o feijão não passe do ponto. As janelas do bairro agora estão cheias de olhares curiosos vendo o rastro vermelho se fixar no asfalto. Alguns cochicham, outros permanecem calados. O rastro de sangue que se estende por toda a rua é o xeque-mate de uma partida de xadrez sem acordos. Minhas asas estão caídas e não alçam voo, os bueiros estão destampados, os fios de alta-tensão parecem estar mais altos, o córrego está longe e o refúgio também. O feijão está pronto. O relógio marca meio-dia. O sol corre para o meio do céu e me observa atentamente. Eu preciso chegar em casa e deixar a sacola de órgãos em cima da mesa que, nesse momento, contém um sonho perdido, um pouco de terra, um rim, um punhado de céu e um pulmão.

7. DISRITMIA

Ele corre atrás de mim como um leopardo corre atrás de sua presa. Um leopardo albino correndo atrás de um búfalo, uma pantera-negra, um veado. Estamos a vinte metros de distância, mas é espaço suficiente para me acertar. Atirar várias vezes em minha direção e me matar. Por nossas cabeças, o sol reina queimando. O sangue escorre no asfalto criando raízes nos beirais das calçadas. Meu chinelo arrebenta e sinto o peito do pé esquerdo queimar. Ele me acerta com um tiro nas costas abrindo mais um buraco junto ao buraco no meu peito.

17

Meu coração escorre pelo buraco e pousa em minhas mãos. Ele pulsa nos meus dedos, entrelaçado entre as veias finas e desbotadas. Eu tento recolocar em meu peito, mas a largura do buraco não deixa ele criar raízes dentro de mim. Eu o pego com as duas mãos e continuo correndo. Os olhares curiosos colocam as cabeças para fora das janelas. A imagem de um menino negro correndo com o coração nas mãos é de se guardar na memória e nunca mais esquecer. O coração continua pulsando em minhas mãos e eu tento correr cada vez mais depressa. O sangue vai tomando conta da rua inteira. Tudo que tem dentro da sacola vai caindo pelo buraco que se abre no fundo. Eu puxo todo o ar do meu corpo e sopro o coração que sai voando, tentando se equilibrar. Ele me alcança e atira várias vezes. Atira! Atira! Atira sem dó nem piedade. Me vira de barriga para cima e mais tiros. Mais, mais, mais, mais, mais tiros! Mais tiros! Mais, mais, mais, mais tiros! Mais tiros! Mais tiros! A cada tiro, meu tronco salta do asfalto como se pedisse socorro a Deus. Se isso fosse uma cena de novela e tivesse uma câmera em um helicóptero, seria possível ver de cima minha aura ensanguentada. Mas Deus não quis assim. Deus não assiste à TV.

111

O coração segue voando e bombeando em direção à minha casa. A coragem de rodar o mundo inteiro agora volta ao seu ninho para dizer adeus. Coração que pulsa voa uma última vez antes de morrer. Ele entra pela janela e pousa em cima da mesa. Minha mãe está de costas mexendo o feijão em fogo baixo. O coração continua pulsando em cima da mesa. Minha mãe para, solta a colher de pau e permanece quieta. O feijão borbulha na panela e o coração pulsa ao lado das flores artificiais.

EU: Mãe, antes de você começar a chorar, se desesperar e vir me socorrer, pare e ouça o que tenho para dizer. Meu corpo está lá fora, no chão, perfurado com todos os buracos do mundo. Infelizmente não deu para trazer o pão. Essa nossa cor preta provoca os cinquenta tons de bege fortemente armados com seus dentes de sabre afiados, prontos para atacar. Mãe, prepare o velório como pode. Não precisa tirar o dinheiro da aposentadoria para comprar o caixão, peça à prefeitura. Caso não consiga, me enrole na cortina roxa que está na sala e pronto. Na gaveta do quarto tem duas velas pela metade. Tem também uma camiseta que a senhora me deu neste Natal. Me vista e me perfume com sua colônia de rosas que eu roubava um pouquinho todos os dias para ir para a escola. Não chore, mãe, termine de lavar a louça com calma e depois vá me ver lá fora. Certamente estarei empacotado em um saco plástico preto. É bom assim, estou muito feio com todos os meus buracos. Haja lágrima para tapar cada um deles.

Ela se vira em direção ao coração. Suas mãos estão suspensas no ar, próximas aos seios e ao fogão. Os olhos estão marejados e cheios de dor. Parece não acreditar no que está vendo. O coração aos poucos para de pulsar e recolhe as asas. A máquina de lavar ainda soa o tec-trec no quintal.

0. A UTOPIA

Em algum extremo da cidade, eu me levanto meio capenga em direção ao banheiro. É 1º de janeiro e ainda é possível ouvir o barulho dos fogos de artifício, sirene de viatura e a música "O que pensa que eu sou", da banda Djavú, que tocou 17 vezes na noite anterior. Eu contei. O que não contei foi a quantidade de copos de refrigerante que bebi. Já que ainda não posso beber cerveja, eu acabo caindo na frenética do Dolly. O cheiro da fumaça da churrasqueira permanece em minha roupa. Eu não me dou muito bem com festas. Todas as vezes que o carvão, a caixa de som e os engradados invadem a minha casa, eu me sento no quintal ao lado de minha avó, que não suporta música alta. Fico observando minha tia dançar forró com uma cerveja na mão. Meu tio pilotar a churrasqueira com linguiça, asa de frango e carne de segunda. Crianças correndo e estourando bombinha no chão. Outras andando e olhando para os pés, vendo a luz vermelha piscar embaixo da sola dos sapatos novos. O vinagrete na vasilha de vidro azul cheio de moscas e o cachorro roendo o osso deitado no fundo do quintal. No banheiro, eu recapitulo todas as imagens em minha cabeça como num filme de trás para a frente. Eu observo o cesto de lixo que está transbordando e imagino que o quintal deva estar muito pior.

Na cozinha, minha mãe está em frente ao fogão passando o café. A pia está cheia de louça. Na mesa, ao lado do vaso de flores artificiais, tem dois reais em moedas. Eu sei que a tarefa de ir à padaria é minha, todo santo dia. As moedas de dez e cinquenta centavos estão encapadas com durex encardido. O sol que entra pela janela da cozinha ilumina o cabelo de minha mãe que, nesse momento, parece estar vermelho.

MÃE: Vai ficar aí parado, é? Vai logo na padaria, menino!

EU: Mas é preciso mesmo comprar pão hoje, mãe? Requenta qualquer sobra de ontem e pronto. Ainda tem Dolly ou já acabou?

MÃE: Se você não for comprar esse pão agora eu juro que...

EU: Tá bom! Tô indo.

Eu pego as moedas em cima da mesa e saio rumo à padaria. No meio do caminho, eu me lembro que é feriado e sou obrigado a andar cinco quadras para chegar na única padaria aberta. As ruas estão completamente vazias. O sol está forte e elimina todas as possíveis sombras que se pode ter. Coloco as moedas no bolso, elas se mexem provocando um barulho de sino a cada passo. Eu entro na padaria e me deparo com uma fila que eu não esperava. Há apenas um funcionário na padaria. Encosto no vidro do balcão gelado coberto com várias bolhas d'água. O contato da minha pele quente com o vidro gelado traz uma sensação interessante. Há uma televisão suspensa na parede, parece ser dessas modernas, que não têm botão nem controle e, se duvidar, nem tomada. Chega a minha vez na fila, pego a sacola de pão e saio da padaria. Sigo até minha casa tentando achar as poucas sombras para me esconder do sol. As ruas ainda estão vazias e o picumã das brasas de churrasco ganha o céu com toda a liberdade do mundo.

Chego em casa e coloco os pães em cima da mesa. O café já está pronto e o cheiro invade a casa inteira. O vento dança com o aroma forte e o som de Roberto Carlos que sai das caixas de som na sala. Pego uma xícara, encho de café e sento para me alimentar do miolo seco e macio. Minha mãe lava o pouco de louça que está na pia, faz movimentos circulares em sentido horário para lavar a panela de pressão. A mão que segura a panela está molhada e a que segura a esponja está cheia de sabão. A barra de sua blusa está úmida devido ao contato com a beira da pia. Os dedos estão enrugados, mas firmes.

Olho para a geladeira e avisto um bilhete, é um lembrete que coloquei semana passada para não esquecer. Tenho que ajudar meu tio na construção de sua casa, na rua de cima. Eu pego a minha mochila, tomo o último gole de café e corro para a porta. Minha mãe seca as mãos no pano de prato que está em seus ombros, abre um largo sorriso e me abraça.

EU: Tchau, mãe!

Escrever teatro negro é escrever justiça

A arte de escrever uma peça de teatro, carregando todos os direitos e deveres de uma manifestação artística, é uma metáfora que somente a vida não dá conta. Somos indivíduos perdidos na contemporaneidade, estamos sempre à mercê de direcionamentos mal-acostumados e muito diferentes entre si. Escrever uma peça de teatro é difícil, mas escrever uma peça de teatro negro é três vezes mais. Penso que diante disso, e de toda a massificação criminosa que pesa sobre esse assunto, é comum produzir o tão falado "panfleto artístico" como pauta de discussão e revolução. Alguns panfletos são coloridos, outros chamam a atenção pela criatividade de se colocar as palavras no seu devido lugar, já outros são de uma cor só e sem culpa. Não há certo nem errado, há escolhas.

Escrever dramaturgia contemporânea requer uma série de atenções e desafios diários que só a palavra mais justa consegue dizer. E a justiça nada mais é que proporcionalidade. Então quando se usa um recurso para dizer algo que normalmente não é dito, usa-se uma escolha de proporcionalidade. A justiça tanto funciona na literalidade quanto na metáfora, mas sempre será uma escolha. Quando se fala de dramaturgia negra, essa escolha de justiça tende a pesar mais para um lado do que para o outro. Vivemos em um tempo em que as peças de teatro estão afiadíssimas na realidade, esculpindo cada palavra com todo o cuidado, já que o cotidiano ordinário e pouco falado vira assunto do prólogo ao epílogo. É uma escolha de justiça, nada mais. E como toda escolha, precisa ser respeitada e valorizada artisticamente, socialmente e historicamente. Para mim, que sei só deste tempo que estou agora, tenho a sensação de que é o tempo em que se produzem muitas coisas, estamos no momento de vomitar todo o ar preso na garganta. Mas e se, diante de todo o caos, escrevêssemos com leveza? E se, em vez de entregarmos um panfleto, comermos uma sopa de letrinhas? Escrever com leveza, neste caso, é a luz no fim do túnel ou o paredão no fim da rua. Alguns gostam e outros não. A noção de "leveza" é algo relativamente intuitivo, usado para dizer coisas pesadas de outras maneiras possíveis e imagináveis, criadas a partir da relação que se tem com cada palavra. É uma vírgula que dói mais que um soco! Mas como pode, nesse mundo tão cabreiro, o açúcar que falta no pote sobrar em nossas palavras? Como pode a existência, ainda que desgraçada, ser doce?

A leveza é o dispositivo que desperta a empatia no leitor e, consequentemente, no espectador. Parafraseando o escritor italiano Italo Calvino: "A metáfora não impõe o objeto sólido nem a palavra pedra chega a tornar pesado o verso".

Desse modo, o que seria desta história sem a leveza? Sem os sonhos pendurados nos postes? Nas nuvens? Na ponta dos olhos? O vento é inimigo do picumã quando o alvo cria asas e foge. O vento é inimigo do picumã quando ratoeiras são colocadas nos portões das casas, nas escolas, nas vielas, nos supermercados, nos bancos, nos trens e nas padarias. Que vento é esse que sopra somente para um lado? Eu, morador de Guaianases – extremo leste de São Paulo –, estou, acima de tudo, VIVO para contar essa história que passa por mim e por muitos outros corpos-picumãs. Buraquinhos que se abrem sem pudor, é preciso expor de onde vêm as flechas. Voa, Picumã!

Jhonny Salaberg
São Paulo, junho de 2018

© Editora de Livros Cobogó, 2018
© Jhonny Salaberg

Editora-chefe
Isabel Diegues

Editora
Fernanda Paraguassu

Gerente de produção
Melina Bial

Revisão
Ana Aparecida

Revisão final
Eduardo Carneiro

Projeto gráfico e diagramação
Mari Taboada

Capa
Murilo Thaveira

CIP-BRASIL. CATALOGAÇÃO-NA-FONTE
SINDICATO NACIONAL DOS EDITORES DE LIVROS, RJ

Salaberg, Jhonny
S153b   Buraquinhos ou o vento é inimigo do Picumã / Jhonny Salaberg.-
1. ed. – Rio de Janeiro: Cobogó, 2018.
64 p.; 19 cm. (Dramaturgia)

ISBN 978-85-55910-60-9

1. Teatro brasileiro (Literatura). I. Título. II. Série.

18-50503   CDD: 869.2
                                                            CDU: 82-2(81)

Leandra Felix da Cruz- Bibliotecária- CRB-7/6135

Nesta edição, foi respeitado o Acordo Ortográfico da Língua Portuguesa de 1990, que entrou em vigor no Brasil em 2009.

Todos os direitos em língua portuguesa reservados à
Editora de Livros Cobogó Ltda.
Rua Gen. Dionísio, 53, Humaitá
Rio de Janeiro – RJ – Brasil – 22271-050
www.cobogo.com.br

Coleção Dramaturgia

ALGUÉM ACABA DE MORRER LÁ FORA, de Jô Bilac

NINGUÉM FALOU QUE SERIA FÁCIL, de Felipe Rocha

TRABALHOS DE AMORES QUASE PERDIDOS, de Pedro Brício

NEM UM DIA SE PASSA SEM NOTÍCIAS SUAS, de Daniela Pereira de Carvalho

OS ESTONIANOS, de Julia Spadaccini

PONTO DE FUGA, de Rodrigo Nogueira

POR ELISE, de Grace Passô

MARCHA PARA ZENTURO, de Grace Passô

AMORES SURDOS, de Grace Passô

CONGRESSO INTERNACIONAL DO MEDO, de Grace Passô

IN ON IT | A PRIMEIRA VISTA, de Daniel MacIvor

INCÊNDIOS, de Wajdi Mouawad

CINE MONSTRO, de Daniel MacIvor

CONSELHO DE CLASSE, de Jô Bilac

CARA DE CAVALO, de Pedro Kosovski

GARRAS CURVAS E UM CANTO SEDUTOR, de Daniele Avila Small

OS MAMUTES, de Jô Bilac

INFÂNCIA, TIROS E PLUMAS, de Jô Bilac

NEM MESMO TODO O OCEANO, adaptação de Inez Viana do romance de Alcione Araújo

NÔMADES, de Marcio Abreu e Patrick Pessoa

CARANGUEJO OVERDRIVE, de Pedro Kosovski

BR-TRANS, de Silvero Pereira

KRUM, de Hanoch Levin

MARÉ/PROJETO BRASIL, de Marcio Abreu

AS PALAVRAS E AS COISAS, de Pedro Brício

MATA TEU PAI, de Grace Passô

ÄRRÄ, de Vinicius Calderoni

JANIS, de Diogo Liberano

NÃO NEM NADA, de Vinicius Calderoni

CHORUME, de Vinicius Calderoni

GUANABARA CANIBAL, de Pedro Kosovski

TOM NA FAZENDA, de Michel Marc Bouchard

OS ARQUEÓLOGOS, de Vinicius Calderoni

ESCUTA!, de Francisco Ohana

ROSE, de Cecilia Ripoll

O ENIGMA DO BOM DIA, de Olga Almeida

A ÚLTIMA PEÇA, de Inez Viana

BURAQUINHOS OU O VENTO É INIMIGO DO PICUMÃ, de Jhonny Salaberg

PASSARINHO, de Ana Kutner

INSETOS, de Jô Bilac

A TROPA, de Gustavo Pinheiro

A GARAGEM, de Felipe Haiut

SILÊNCIO.DOC,
de Marcelo Varzea

PRETO, de Grace Passô,
Marcio Abreu e Nadja Naira

MARTA, ROSA E JOÃO,
de Malu Galli

MATO CHEIO, de Carcaça
de Poéticas Negras

YELLOW BASTARD,
de Diogo Liberano

SINFONIA SONHO,
de Diogo Liberano

SÓ PERCEBO QUE ESTOU
CORRENDO QUANDO VEJO QUE
ESTOU CAINDO, de Lane Lopes

SAIA, de Marcéli Torquato

DESCULPE O TRANSTORNO,
de Jonatan Magella

TUKANKÁTON +
O TERCEIRO SINAL,
de Otávio Frias Filho

SUELEN NARA IAN,
de Luisa Arraes

SÍSIFO, de Gregorio Duvivier
e Vinicius Calderoni

HOJE NÃO SAIO DAQUI,
de Cia Marginal e Jô Bilac

PARTO PAVILHÃO,
de Jhonny Salaberg

A MULHER ARRASTADA,
de Diones Camargo

CÉREBRO_CORAÇÃO,
de Mariana Lima

O DEBATE, de Guel Arraes
e Jorge Furtado

BICHOS DANÇANTES,
de Alex Neoral

A ÁRVORE, de Silvia Gomez

CÃO GELADO, de Filipe Isensee

PRA ONDE QUER QUE EU VÁ SERÁ
EXÍLIO, de Suzana Velasco

DAS DORES, de Marcos Bassini

VOZES FEMININAS — NÃO EU,
PASSOS, CADÊNCIA,
de Samuel Beckett

PLAY BECKETT — UMA PANTOMIMA
E TRÊS DRAMATÍCULOS (ATO
SEM PALAVRAS II | COMÉDIA/PLAY |
CATÁSTROFE | IMPROVISO DE OHIO),
de Samuel Beckett

MACACOS — MONÓLOGO
EM 9 EPISÓDIOS E 1 ATO,
de Clayton Nascimento

A LISTA, de Gustavo Pinheiro

SEM PALAVRAS, de Marcio Abreu

CRUCIAL DOIS UM,
de Paulo Scott

MUSEU NACIONAL
[TODAS AS VOZES DO FOGO],
de Vinicius Calderoni

KING KONG FRAN, de Rafaela
Azevedo e Pedro Brício

COLEÇÃO DRAMATURGIA ESPANHOLA

A PAZ PERPÉTUA, de Juan Mayorga | Tradução Aderbal Freire-Filho

ATRA BÍLIS, de Laila Ripoll | Tradução Hugo Rodas

CACHORRO MORTO NA LAVANDERIA: OS FORTES, de Angélica Liddell | Tradução Beatriz Sayad

CLIFF (PRECIPÍCIO), de José Alberto Conejero | Tradução Fernando Yamamoto

DENTRO DA TERRA, de Paco Bezerra | Tradução Roberto Alvim

MÜNCHAUSEN, de Lucía Vilanova | Tradução Pedro Brício

NN12, de Gracia Morales | Tradução Gilberto Gawronski

O PRINCÍPIO DE ARQUIMEDES, de Josep Maria Miró i Coromina | Tradução Luís Artur Nunes

OS CORPOS PERDIDOS, de José Manuel Mora | Tradução Cibele Forjaz

APRÈS MOI, LE DÉLUGE (DEPOIS DE MIM, O DILÚVIO), de Lluïsa Cunillé | Tradução Marcio Meirelles

COLEÇÃO DRAMATURGIA FRANCESA

É A VIDA, de Mohamed El Khatib | Tradução Gabriel F.

FIZ BEM?, de Pauline Sales | Tradução Pedro Kosovski

ONDE E QUANDO NÓS MORREMOS, de Riad Gahmi | Tradução Grupo Carmin

PULVERIZADOS, de Alexandra Badea | Tradução Marcio Abreu

EU CARREGUEI MEU PAI SOBRE MEUS OMBROS, de Fabrice Melquiot | Tradução Alexandre Dal Farra

HOMENS QUE CAEM, de Marion Aubert | Tradução Renato Forin Jr.

PUNHOS, de Pauline Peyrade | Tradução Grace Passô

QUEIMADURAS, de Hubert Colas | Tradução Jezebel De Carli

COLEÇÃO DRAMATURGIA HOLANDESA

EU NÃO VOU FAZER MEDEIA, de Magne van den Berg | Tradução Jonathan Andrade

RESSACA DE PALAVRAS, de Frank Siera | Tradução Cris Larin

PLANETA TUDO, de Esther Gerritsen | Tradução Ivam Cabral e Rodolfo García Vázquez

NO CANAL À ESQUERDA, de Alex van Warmerdam | Tradução Giovana Soar

A NAÇÃO — UMA PEÇA EM SEIS EPISÓDIOS, de Eric de Vroedt | Tradução Newton Moreno

2023

―――――――

1ª reimpressão

Este livro foi composto em Univers.
Impresso pela BMF Gráfica e Editora
sobre papel Pólen Bold LD 70g/m².